CE LIVRE A ÉTÉ OFFERT PAR:

Julia Seguin

Novembre 2003

PROPRIÉTÉ
DE L'ÉCOLE RABEAU

CLEF DE SOL

Le chant
La sonorisation et l'enregistrement

Alyn Shipton - Myriam De Visscher

Éditions Gamma - Éditions Héritage

L'édition originale de cet ouvrage
a paru sous le titre : *Singing*
Copyright © Zoë Books Limited 1993
15 Worthy Lane
Winchester
Hampshire SO23 7AB
All rights reserved

Adaptation française de Myriam De Visscher
Copyright © Éditions Gamma, Paris-Tournai, 1995
D/1995/0195/41
ISBN 2-7130-1760-2
(édition originale : ISBN 0-431-06587-X)

Exclusivité au Canada :
Les éditions Héritage inc., 300, rue Arran
Saint-Lambert (Québec) J4R 1K5
Dépôts légaux : 3e trimestre 1995
Bibliothèque nationale du Québec
Bibliothèque nationale du Canada
ISBN 2-7625-7879-5

Loi n° 49-956 du 16 juillet 1949
sur les publications destinées à la jeunesse

Imprimé en Belgique

Origine des photographies
Les éditions *Zoë Books* souhaitent remercier tout particulièrement la section musicale
de l'école Millfield Junior et spécialement Monsieur Brian Armfield pour son assistance
dans le choix des photographies, ainsi que David Titchener qui a fourni les photographies.

L'auteur et l'éditeur tiennent à remercier : Barnaby's Picture Library : pages 11 (en haut
à droite), 15 et 17 (en haut) ; BBC Photos : page 28 (en bas) ; Archives E.T. : page 8
(en haut) ; Sonia Halliday Photographs : page 8 (en bas) ; Robert Harding Picture Library :
pages 13 et 24 (en haut) ; Image Bank : page 21 (en haut) ; Kobal : page 14 (en bas) ;
Performing Arts Library : pages 5, 7 (en haut), 12, 14 (en haut) et 24 (en bas) ; Redferns :
couverture/Odile Noël, pages 7 (en bas), 10, 16, 18 (en bas), 19, 20, 25 et 28 (en haut) ;
Relay/Chris Walter : page 29 ; Retna/Sam Wix : page 21 (en bas) ; Zefa : page de titre,
pages 11 (en haut à gauche), 22, 26 et 27 (en haut et en bas).

Sommaire

Comment fonctionne la voix ?

Le son

Tout objet qui vibre produit un son. Ces vibrations déforment l'air environnant et engendrent les ondes sonores, qui voyagent dans l'air. Lorsqu'elles atteignent nos oreilles, nous percevons le son. Différents types de vibrations engendrent divers types d'ondes sonores: de faibles vibrations engendrent de petites ondes, de fortes vibrations vrombissantes créent des ondes de grande amplitude. Chaque type d'ondes sonores provoque des sensations sonores perçues différemment par nos oreilles. Les oreilles distinguent les sons sur la base de trois critères:

• **le volume**: l'intensité du son;

• **la hauteur**: un son aigu ou grave;

• **le timbre**: la qualité du son.

Les notes et les sons

Pour interpréter une note particulière, le chanteur ou la chanteuse doit apprendre à faire vibrer ses cordes vocales à la vitesse et sous la tension idéales. Les muscles de la gorge, qui tendent ou détendent les cordes vocales, lui permettent d'y arriver. En outre, l'artiste doit apprendre à chanter les paroles: il doit donc recourir à la langue et aux lèvres pour prononcer les voyelles et les consonnes. Certains mots sont plus difficiles à chanter que d'autres parce que la bouche doit articuler pour produire les divers sons.

La voix humaine dispose de plusieurs **registres** ou étages. On qualifie de **voix de tête** le registre aigu, de **voix de gorge** le registre moyen et de **voix de poitrine** la voix grave. Lorsque les hommes chantent dans le registre des voix féminines, c'est-à-dire des notes aiguës, ils chantent en **fausset** (*falsetto*, en italien).

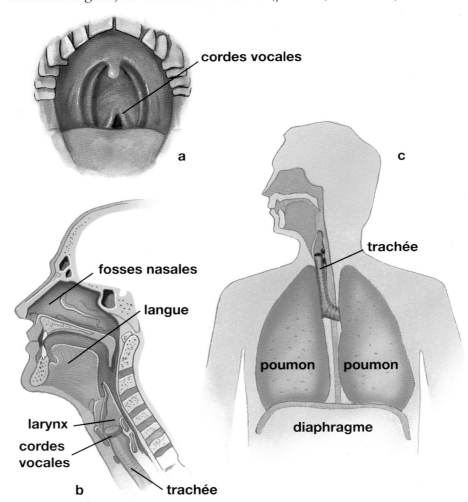

Les composantes essentielles de «l'instrument» du chanteur: le corps humain. En (a), on voit les cordes vocales, en (b), la tête et le cou et en (c), les poumons et le diaphragme.

Le larynx

En considérant la voix comme un instrument, nous comprenons plus aisément le mécanisme et la méthode d'apprentissage du chant.

Tout comme les bois, les cordes vocales émettent des sons lorsque l'air vient buter contre elles et les met en vibration. Les cordes vocales se trouvent au sommet de la trachée et fonctionnent comme une **anche libre**. L'air des poumons est propulsé au-delà des cordes vocales par un muscle large et mince, le diaphragme. Le chanteur, comme l'instrumentiste, contrôle ainsi le volume, la hauteur et le timbre de sa voix.

Le volume dépend de la quantité d'air qui frappe les cordes vocales.

La hauteur est contrôlée par la longueur des cordes vocales et par leur vitesse de vibration. Les voix féminines sont plus aiguës que les voix masculines parce que les cordes vocales des femmes sont plus courtes.

Le timbre de la voix change d'un individu à l'autre. La taille et la forme de la bouche et de la gorge modifient le timbre, au même titre que la taille et la forme d'un instrument.

Lorsque les chanteurs s'entraînent, ils apprennent à contrôler la forme de leur bouche pour produire le meilleur timbre. Ils s'efforcent également de respirer de façon à obtenir la meilleure intensité. Ils apprennent aussi à soigner leur voix, pour qu'elle reste saine et pleinement opérationnelle.

Cette cantatrice modifie la forme de sa bouche et de sa gorge afin de produire un son optimal.

Les voix humaines

Chaque voix est unique. Les voix de femmes, de filles, d'hommes et de garçons peuvent être groupées par registres suivant leur étendue, du son le plus grave au plus aigu. Certaines femmes ont une voix très aiguë: ce sont des **sopranos**. Certains hommes ont une voix très grave, la voix de **basse**. Le registre complet des voix, de la plus aiguë à la plus grave, est: soprano ou dessus; mezzo-soprano; alto, contralto ou haute-contre; ténor; baryton; basse.

Le tableau présente les différents registres de la voix.

Voici la classification des voix humaines par registres:
Filles: voix de dessus ou soprano, alto
Femmes: soprano, mezzo-soprano et contralto
Garçons: contralto, dessus ou soprano, alto
Hommes: alto ou haute-contre, ténor, baryton et basse

Les voix de filles et de garçons

Au fil de l'histoire, des compositeurs ont écrit des pièces pour les voix de dessus, à interpréter en solo ou en chœur. Actuellement, de nombreuses chorales de cathédrales et d'églises comptent des filles et des garçons, mais, jusqu'au milieu du XXᵉ siècle, seuls les garçons se chargeaient des voix les plus aiguës. Les musiciens appréciaient le son clair et limpide des meilleures voix de dessus que fournissaient les garçons dès l'âge de sept ans. Plus tard (entre onze et quatorze ans), les cordes vocales des garçons se développent, ce qui entraîne immanquablement une baisse de hauteur. Les voix de filles ne subissent pas cette transformation rapide, quoique la voix féminine devienne plus grave au fil des années.

Quelques garçons ont une voix de dessus si particulière qu'elle leur assure la célébrité pendant les quelques années qui précèdent la mue de leur voix. Dans de nombreuses régions du monde, des chorales de garçons ont été formées. Certaines, comme les *Petits Chanteurs* de Versailles, en France, chantent dans le monde entier. Des compositeurs ont fait appel à ces chorales pour produire un effet spécial dans leurs œuvres. Par exemple, la *Symphonie du Printemps* de Britten, où des voix de garçons imitent le bruit d'enfants qui s'amusent. De telles chorales fréquentent souvent des écoles spécialisées pour y suivre des cours de musique et de chant en plus du programme normal.

La vie d'un jeune choriste est bien remplie: il doit apprendre chaque jour des chansons pour le service religieux, s'entraîner pour les concerts, les émissions et les enregistrements, tout en fréquentant l'école et en faisant du sport!

Les quatre chanteurs à l'avant de l'orchestre sont (de gauche à droite) la soprano, l'alto, le ténor et la voix de basse. Derrière l'orchestre se trouve le chœur: les femmes se subdivisent en sopranos et altos, les hommes en ténors et voix de basse.

Jeune soprano.

Chanter en groupe

Un troubadour chante pour une dame de la cour sur cette illustration provenant d'un manuscrit du XVe siècle. Il s'accompagne au luth.

Les premières chansons narraient de longues histoires et étaient interprétées par une seule personne. Nous savons par ailleurs que les gens chantaient en groupe, que ce soit en travaillant ou en voyageant. On chantait aussi pour se détendre, pour célébrer la fin du travail ou encore pour prier.

Des chansons ont été composées à propos de tout. Les chansons d'amour, accompagnées d'un jeu de luth ou de guitare, remontent au XIIe siècle et étaient interprétées par des chanteurs ambulants ou **troubadours**. Les **jongleurs**, ou ménestrels, étaient des chanteurs qui se déplaçaient en Europe et en Afrique du Nord pour y présenter un spectacle accompagné de jongleries.

Les chants et le plain-chant

Avant le XVIIe siècle, pratiquement aucune composition pour chanteur ne fut transcrite, sauf au sein de l'Église chrétienne. Nous ne connaissons donc pas très bien ce qui existait parallèlement au chant religieux auparavant. Les **psaumes** faisaient partie intégrante de la musique juive depuis la destruction du temple de Jérusalem par les Romains en 70 apr. J.-C. À cette époque, la musique instrumentale fut bannie et les gens se mirent à chanter. Un **chant** est une courte phrase musicale répétée indéfiniment.

À partir du IVe siècle, les chrétiens interprétèrent un type de chant particulier : le **plain-chant**. Tous chantaient la même mélodie (à l'**unisson**). Un ouvrage rassemblant ces chants fut établi sous le pape Grégoire Ier à la fin du VIe siècle. On parle depuis de chant grégorien.

Cette illustration datant du IXe siècle montre le pape Grégoire Ier dictant des chants.

Le chant à voix multiples

Dans le plain-chant, chaque voix interprète la même note.
Il y a un peu plus d'un millénaire, les chœurs arrivèrent à un type
de chant plus élaboré. Pour commencer, un groupe de personnes
chantait la mélodie, tandis qu'un autre interprétait la même
mélodie cinq notes plus haut. Il s'agit de l'*organum*.

Au début du XIe siècle, les chœurs comptaient plusieurs voix
indépendantes les unes des autres qui chantaient des **canons**.
Dans un canon, deux ou plusieurs voix répètent, à intervalle fixe,
la même mélodie en débutant à des temps différents : un groupe
entonne la mélodie, un deuxième groupe entame le chant dès que
le premier groupe a terminé la première phrase, et ainsi de suite.
Le célèbre *Sumer is icumen in,* vieux chant anglais à voix
multiples, remonte à 1250.

De plus en plus de compositions pour voix multiples furent
écrites, et finalement le style s'imposa sous le nom de **polyphonie**
(ce qui signifie « plusieurs sons »). Les chants religieux à voix
multiples sont des **motets,** qui apparurent au XIIIe siècle.
Les **madrigaux,** des chants à voix multiples à la fois tendres
et divertissants, étaient interprétés hors des églises pour le plaisir
des foules.

Le chant choral

Si tu souhaites faire
partie d'une chorale, les
possibilités ne manquent
pas. Pour les filles et les
garçons, rien n'est plus
réjouissant que de chanter
dans une grande chorale.
La plupart des villes et de
nombreuses écoles ont
leur chorale de jeunes.
Tu y apprendras à lire
la notation, à respirer
correctement et à chanter
en chœur avec les autres !
Il est très agréable de
s'entraîner ensemble
et de travailler en groupe
pour obtenir les meilleurs
résultats.

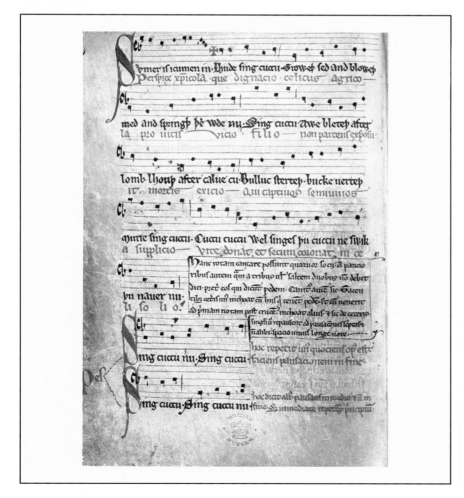

Le manuscrit *Sumer is icumen in.*
Les lettres noires correspondent
au texte en anglais médiéval,
les lettres rouges à la traduction
latine.

9

Les motets, les cantates et les oratorios

Les motets, composés entre 1250 et 1750, comptaient, en principe, de quatre à six voix et étaient généralement chantés sans accompagnement. Josquin Des Prés, Lassus et Palestrina sont les grands maîtres de cet art.

En Allemagne et en Autriche, des compositeurs du XVIIIe siècle écrivirent des **cantates** et des **oratorios**. Un oratorio est une composition écrite pour un chœur, un orchestre et des chanteurs solos, racontant une histoire généralement tirée de la Bible. Les cantates sont de courts morceaux à une ou plusieurs voix qui décrivent un événement. Michael Haydn écrivit une cantate de Noël n'excédant pas dix minutes. L'oratorio de Haendel, *Le Messie,* par contre, dure plus de deux heures.

Aux XIXe et XXe siècles, les compositeurs accompagnaient leurs vastes œuvres orchestrales de chœurs. C'est le cas des symphonies de Beethoven, de Mahler et de Britten. Certains des plus beaux chœurs du monde chantent uniquement avec des orchestres symphoniques.

D'autres chants à voix multiples

Le quatuor à quatre voix ou les quatuors de gospel, typiques du Sud des États-Unis, sont connus de par le monde. En Angleterre, les gens interprètent, depuis le XVIIe siècle, des *glees*, des petits chants à trois ou quatre voix sans accompagnement portant sur la nourriture, la boisson, la chasse et l'amour. D'autres types de chorales interprètent les chants traditionnels d'Afrique du Sud, où le chant à voix multiples européen a été adapté aux rythmes et harmonies locaux.

Le *Kennedy High Gospel Choir* au Festival «Heritage» de la Nouvelle-Orléans. Ses chants incarnent bien le style dynamique du gospel qui anime de nombreuses églises de la région.

Il est très impressionnant d'entendre chanter une chorale symphonique composée de plusieurs chœurs accompagnés d'un orchestre complet.

Certains ensembles, tels que ce quatuor, interprètent des chansons burlesques ou humoristiques. Le décor et les costumes ont ici toute leur importance.

PROPRIÉTÉ
DE L'ÉCOLE RABEAU

Guide d'écoute

Des enregistrements pour chorales existent dans des styles musicaux variés. Parmi les morceaux les plus courts, citons les compositions de l'Américain William Billings, dont certains airs, comme *Jargon,* durent moins d'une minute. Des ensembles de jeunes chantent entre autres *Jonah Man Jazz* ou *The Daniel Jazz*.

Des compositions récentes, comme *Proverbs of Hell* de John Gardner, comprennent souvent des effets spéciaux. D'autres, comme la *Geographical Fugue* de Toch, incluent des effets humoristiques. Les plains-chants et les motets de Josquin Des Prés, Palestrina, Lassus et Praetorius ont été enregistrés par de nombreux ensembles de musique ancienne. Les cantates de Schutz, Telemann et Vivaldi ont été enregistrées par diverses chorales. Les grands oratorios de Bach et de Haendel ont été enregistrés par des orchestres symphoniques et des chœurs tels que ceux de Londres, de New York et de Saint-Louis. Les symphonies et les oratorios comprenant des chœurs sont la *Neuvième Symphonie* de Beethoven, la *Symphonie des Mille* de Mahler, *Spring Symphony* de Britten et *Belshazzar's Feast* de Walton. Il existe par ailleurs des enregistrements de chorales de gospel, telles que le *Mormon Tabernacle Choir*.

L'opéra

Un opéra est une œuvre théâtrale mise en musique, dans laquelle les personnages chantent au lieu de parler. La plupart des opéras se déroulent sur scène; ils se distinguent donc des oratorios, dont la musique est interprétée sans mise en scène ni **décor**.

Un des premiers opéras fut *Orfeo* de Monteverdi, drame lyrique racontant l'histoire d'Orphée. Sa première représentation eut lieu en 1607, à Mantoue, en Italie. Bien vite, l'opéra fit sensation, et des théâtres de l'opéra furent spécialement construits pour les représentations de ce mélange de musique et de drame. Les premières productions comprenaient un appareillage scénique complexe qui produisait des effets spéciaux tels que des vagues ou des nuages. À la fin du XIXe siècle, les chanteurs étaient devenus l'élément le plus important de l'opéra. Toutefois, aujourd'hui encore, certains metteurs en scène d'opéras recourent à des effets scéniques hors du commun.

La mise en scène et les costumes d'opéras sont souvent très colorés, comme l'illustre cette scène de *Carmen,* célèbre drame lyrique de Bizet.

Qui crée un opéra ?

L'opéra représente la forme la plus complexe de l'art dramatique. Il implique la participation d'un grand nombre d'exécutants. L'opéra est le résultat de la collaboration d'un **compositeur**, qui écrit la musique, et d'un **librettiste**, qui en écrit les paroles.

Le **metteur en scène** dirige les chanteurs et les acteurs sur scène. Le **chef d'orchestre** dirige les musiciens dans la fosse d'orchestre (emplacement situé devant la scène, où prennent place les musiciens).

Sur scène, les rôles principaux comprenant les morceaux les plus difficiles et les plus exigeants sont interprétés par des solistes. Dans un opéra, les parties chantées par un soliste s'appellent des **arias**. La plupart des opéras comptent un chœur, formé par les hommes et les femmes qui jouent et chantent les rôles secondaires. Les chanteurs sont entraînés par un **maître de musique**, qui les aide à apprendre paroles et musique. Lors de la représentation, le maître de musique se tient dans la fosse d'orchestre ou sur un côté de la scène (dans les **coulisses**). Si l'un des chanteurs perd le fil, le maître de musique l'aide. Dans de nombreux théâtres, il donne le signal du commencement et de la fin aux chanteurs qui ne peuvent voir le chef d'orchestre.

Ce maître de musique apprend à ses élèves leur rôle dans un opéra.

Guide d'écoute
Britten a composé *Let's Make an Opera* pour introduire les enfants au monde de l'opéra. Des enfants et des parents y jouent les rôles principaux. Gian Carlo Menotti a écrit *Amahl et les Visiteurs nocturnes* pour la télévision. D'autres opéras composés pour la télévision incluent celui de Britten, *Owen Wingrave*. Il existe de nombreux opéras filmés tels que *Carmen* de Bizet, *Otello* et *La Traviata* de Verdi.

Vue d'une scène d'opéra et de la fosse d'orchestre montrant l'interaction entre les chanteurs, les musiciens et le chef d'orchestre.

Les comédies musicales

Derrière ce masque raffiné se cache Michael Crawford, l'acteur et le chanteur principal de la comédie d'Andrew Lloyd Webber, *Le Fantôme de l'Opéra*.

La comédie musicale est la forme la plus populaire de mise en scène musicale. Les premières comédies musicales émanèrent d'opérettes et d'opéras bouffes au début du XXe siècle. Ce qui caractérise peut-être le plus les comédies musicales réside dans leur production : mise en scène élaborée, appareillages complexes et machineries scéniques.

Show Boat, de Jerome Kern, est la première comédie musicale. Elle fut créée à New York en 1927 par Florenz Ziegfeld, un producteur de music-hall. *Kiss me Kate*, de Cole Porter, s'inspire de *La Mégère apprivoisée* de Shakespeare. Des sujets romantiques comme celui-ci sont fréquents dans les comédies musicales, et bon nombre ont été filmés. Certaines des meilleures comédies musicales filmées sont celles de Loewe et Lerner *My Fair Lady* et *Camelot*, ainsi que *Oklahoma!*, *South Pacific* et *The Sound of Music* de Rodgers et Hammerstein. La plus dramatique des comédies musicales filmées est *West Side Story* (1957), de Leonard Bernstein, une variation moderne sur le thème de *Roméo et Juliette*.

Les chansons de nombreuses comédies musicales ont d'abord paru sur disques et cassettes. Ainsi, elles étaient populaires avant même la représentation scénique de la comédie musicale. Les musiques des comédies telles que *Hair, Jesus-Christ Superstar* et *A Chorus Line* connurent un immense succès. Depuis les années 1980, l'Anglais Andrew Lloyd Webber règne en maître sur *Broadway* avec sa comédie musicale *Cats,* inspirée des poèmes

Une scène de *West Side Story* dans laquelle se battent deux bandes rivales des bas quartiers de New York, les « Jets » et les « Sharks ».

de T. S. Eliot. Il existe en outre des enregistrements d'autres spectacles de Lloyd Webber, comme *Evita, Starlight Express* et *Le Fantôme de l'Opéra*.

Certaines comédies musicales sont tellement populaires qu'elles restent à l'affiche pendant des années. D'autres font même le tour du monde. Par exemple, *Les Misérables,* de Claude-Michel Schoenberg, furent présentés dans de nombreuses villes.

Les comédies musicales au cinéma

Au théâtre, les comédies musicales comportent plusieurs chansons – ou numéros – entre lesquelles les acteurs jouent et parlent normalement. Au cinéma, la musique accompagne toutes les scènes. Même lorsque les acteurs parlent, une musique de fond est maintenue. Cela signifie que le compositeur doit écrire davantage de musique ; c'est pourquoi on fait parfois appel à un autre compositeur, qui produit des mélodies supplémentaires. Dans les films, les acteurs miment les chansons (**play-back**). Parfois, leur voix est doublée par un chanteur. Lors du montage du film, la bande sonore est souvent réenregistrée pour garantir une qualité sonore optimale.

Cette version musicale du *Magicien d'Oz* montre à quel point le décor et la mise en scène sont importants aussi bien au théâtre qu'au cinéma.

Des chansons en tous genres

On a conservé des partitions de musique sacrée, de musique chorale et de musique de scène. À côté de cela, bon nombre de chansons ont traversé les siècles grâce à la tradition orale, sans jamais être transcrites. Au début du XXe siècle, des amateurs de chansons anciennes parcoururent le monde pour rassembler ces chansons. Ils les notèrent sur papier ou, dès que cela fut possible, ils les enregistrèrent.

Les chansons et le travail

Chanter en travaillant. Voilà qui semble bien alléger la tâche ! À la grande époque des voiliers, les marins interprétaient leurs chansons de bord lorsqu'ils hissaient les voiles ou remontaient l'ancre : cela permettait de coordonner les mouvements de l'équipage. Les ouvriers des champs de coton du Sud des États-Unis chantaient en travaillant. Les équipes d'ouvriers qui construisirent les canaux et voies ferrées aux XVIIIe et XIXe siècles avaient coutume de chanter. Certaines chansons étaient composées de questions et de réponses, mais toutes devaient permettre de piocher et de pelleter en cadence. Même les prisonniers condamnés aux travaux forcés chantaient. La chanson *Working in a Chain Gang* de Bob Marley fut écrite en mémoire de ces prisonniers.

Bob Marley.

Les chansons folks

Dans bon nombre de pays, les chansons se transmettent de père en fils et de mère en fille. Certaines sont chantées en solo, le soir au coin du feu. D'autres consistent en berceuses pour enfants. D'autres encore, comme les chansons des Amérindiens ou des Maoris de Nouvelle-Zélande, sont chantées en groupes, par village entier ou tribu. Certaines chansons visent à apporter la pluie ou à célébrer une moisson foisonnante. Le *waiata* des Maoris est chanté lors des funérailles d'une personne.

De nombreuses **chansons folkloriques** sont accompagnées de danses traditionnelles. Les Tziganes parcourent l'Europe et l'Afrique du Nord et ont un vaste répertoire de chansons. Des compositeurs tels que Béla Bartók et Ralph Vaughan Williams ont rassemblé des chansons de ce type. Grâce à leur travail, nous connaissons mieux la musique que les gens chantaient il y a de nombreuses années. Bartók a intégré les mélodies collectées à ses propres compositions; des chansons folkloriques apparaissent donc dans ses œuvres orchestrales ou de musique de chambre.

De nombreuses chansons ont été introduites aux États-Unis par les colons provenant de diverses régions du monde. Dvořák recourut à certaines de ces chansons dans sa *9e Symphonie « Du Nouveau Monde »*, et Aaron Copland les incorpora dans son ballet *Billy the Kid*.

Ces Maories chantent au rythme d'une danse traditionnelle, le *poi*.

Au début du XXe siècle, Bartók recourut à un phonographe pour enregistrer les chansons folkloriques hongroises.

Le blues, le jazz et la chanson

Bessie Smith.

Les populations noires du Sud des États-Unis chantaient des chansons en tous genres. Les travailleurs des champs de coton des rives du Mississippi, par exemple, développèrent leur propre style musical. Leurs chants rappellent les rythmes de la musique d'Afrique, d'où provenaient leurs ancêtres. Bon nombre de chansons religieuses ont survécu en tant que gospels ou negro-spirituals; citons *Deep River, Go Down Moses* et *Swing Low, Sweet Chariot*. Vers 1900, un nouveau style émergea dans le delta du Mississippi: le blues fit son apparition, avec ses chansons de grand désespoir.

Le blues et la chanson

La plupart des chansons de blues sont des poèmes aux nombreux couplets. Chaque couplet compte trois vers, dont les deux premiers sont identiques. Cela donne, par exemple:

Don't the moon look lonesome shining through them trees,
Don't the moon look lonesome shining through them trees,
Don't your house look lonesome when your baby packs to leave.

Robert Cray perpétue la tradition du blues.

Louis Armstrong fit du
« scat singing » un élément
populaire du jazz.

Dans les années 1920, des disques de blues furent enregistrés. Les meilleures de ces complaintes ont des **tonalités** accrochantes que les gens fredonnaient aisément. Grâce aux disques, elles ont fait le tour des États-Unis et du monde. Certaines chanteuses noires devinrent des chanteuses « classiques » de blues. Bessie Smith, surnommée « l'Impératrice du blues », est la plus célèbre et la plus populaire d'entre elles. Elle fut découverte par Ma Rainey, la « mère du blues ».

Lorsque les chanteurs de blues en quête de travail quittèrent la campagne du Sud pour s'installer dans les villes du Nord, leur musique se durcit, le son de leurs guitares devenant **amplifié**. Située au confluent du blues et du jazz, cette musique fut baptisée *rhythm and blues*. B. B. King, un des meilleurs représentants de cette musique, contribua à jeter les bases du jeu de guitare électrique.

Le jazz et la chanson

Le jazz se développa parallèlement au blues. Les meilleurs chanteurs de jazz apprirent à **improviser**, c'est-à-dire à composer en cours d'interprétation, inventant des mélodies nouvelles sur des syllabes arbitraires (et peu nombreuses) ou en déformant les syllabes d'un texte chanté. Ce style vocal propre au jazz et popularisé par Louis Armstrong prit le nom de « scat singing ».

Des chanteuses telles qu'Ella Fitzgerald et Sarah Vaughan ont chanté des chansons de jazz ainsi que des solos de « scat ». Billie Holiday fut également une grande chanteuse de jazz, quoique son répertoire était souvent plus proche de la variété que du jazz. Elle parvenait à émouvoir le public par son magnifique jeu de voix. Sa chanson *Strange Fruit* (1939) était une des premières chansons de protestation des Noirs américains qui ne jouissaient pas des droits civiques élémentaires.

L'amplification sonore

Si vous vous rendez à un concert rock en plein air ou dans un vaste théâtre, vous remarquerez que les chanteurs doivent recourir à des systèmes d'amplification. Un micro capte le son de leur voix et un équipement sophistiqué permet d'amplifier le son pour l'ensemble du public.

Le micro

Les premiers micros étaient encombrants : ils cachaient presque tout le visage du chanteur et étaient montés sur des supports difficiles à déplacer. En outre, le chanteur devait se tenir très près du micro. Des câbles reliaient le micro à l'**amplificateur.**

Un micro convertit les sons en impulsions électriques. L'amplificateur renforce les signaux électriques et les reconvertit en sons plus puissants grâce à des haut-parleurs. La technologie moderne a modifié certains aspects de ce processus. Les micros actuels sont des micros sans fil dits HF (haute fréquence). Ce sont de simples petites antennes qui envoient les signaux à l'amplificateur. La plupart des micros se tiennent dans la main ; mais les chanteurs qui souhaitent garder les deux mains libres, par exemple pour jouer d'un instrument ou lors d'une comédie musicale, utilisent des « laryngophones ». Ceux-ci envoient des signaux grâce à un petit émetteur de la taille d'un jeu de cartes.

George Michael utilise un micro HF.

L'amplificateur

Auparavant, les amplificateurs étaient reliés aux micros par de longs fils. Actuellement, ils sont équipés d'un dispositif de réception qui décode les signaux provenant des micros HF. Les amplificateurs utilisés lors de concerts rock sont très puissants; ils sont commandés par un **ingénieur du son** installé à la **table de mixage** et permettent à l'opérateur de régler la « puissance ». Il s'agit de la force du signal passant par les haut-parleurs.

L'ingénieur du son installé à une table de mixage numérique peut observer le pianiste enregistrer un morceau, isolé derrière la vitre du studio.

Les haut-parleurs

Au dos de chaque haut-parleur se trouve un puissant électroaimant. Les signaux électriques de l'amplificateur permettent à l'électroaimant de pousser ou de tirer sur la **membrane** du haut-parleur. Ceci déforme l'air environnant et recrée le son capté au départ par le micro.

Les gros haut-parleurs utilisés dans les concerts rock sont similaires à ceux de la plupart des radios et magnétophones. Ils sont disposés dans de vastes enceintes de sorte qu'il n'est pas possible pour le chanteur et les musiciens de bien entendre leur jeu. C'est pourquoi de petits moniteurs ou haut-parleurs sont disposés en face des musiciens.

En 1985, le *Live Aid* donné à Londres et à Philadelphie fut l'un des plus grands concerts en plein air. Son but était de récolter de l'argent pour aider les victimes de la faim dans le monde. Les artistes apparaissaient sur des écrans géants et de vastes enceintes de haut-parleurs amplifiaient le son.

La table de mixage

Ce gros plan de la table de mixage montre le mode de commande de chaque micro qui s'opère à l'aide d'un levier, le « contrôleur de volume ».

Lors d'un concert ou d'un spectacle où le son est amplifié, l'ingénieur du son contrôle ce que le public entend réellement. Les signaux de chaque micro passent par une table de mixage avant d'atteindre l'amplificateur.

Une table de mixage dispose de rangées de leviers de commandes : un levier par micro. L'ingénieur du son règle la **balance** des divers micros. Ainsi, chaque musicien pourra être entendu correctement et la table de mixage renvoie un seul « signal de sortie ».

Lors d'un concert, l'ingénieur du son est installé avec sa table de mixage derrière le public et non sur la scène. Ainsi, il peut régler le volume au niveau idéal pour le public. Certains utilisent un casque ou des « écouteurs » pour entendre les signaux de chaque micro et les ajuster, mais ils ne peuvent se fier qu'à leurs oreilles pour déterminer le niveau idéal d'écoute du public.

Un ingénieur du son contrôle le niveau acoustique d'une comédie musicale à partir d'une table de mixage placée derrière le public.

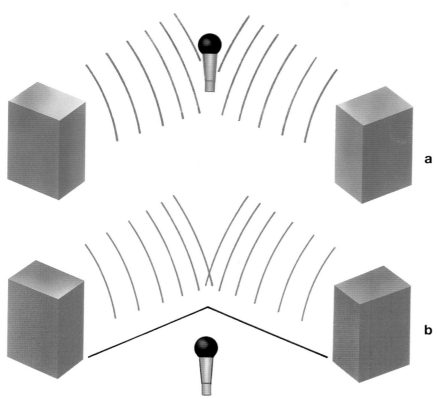

(a) Une rétroaction (ou feed-back) se produit lorsque le micro capte les ondes sonores émises par les haut-parleurs.
(b) La rétroaction peut être évitée en plaçant le micro dans une position où les ondes ne peuvent l'atteindre.

b

La rétroaction

Certains concerts rock sont parfois interrompus par un son strident provenant des haut-parleurs. Il s'agit d'une rétroaction (ou d'un feed-back); celle-ci se produit lorsque le micro capte les sons émis par les haut-parleurs et tente de les amplifier de nouveau. Les enceintes sont donc généralement placées en face ou sur le côté de la scène où se trouve le chanteur, afin que son micro ne puisse capter les sons des haut-parleurs.

Les effets spéciaux

Certains instrumentistes, comme les guitaristes et les joueurs d'instruments à clavier, peuvent aisément changer le son de leur instrument en recourant à des « unités d'effets spéciaux ». Celles-ci ajoutent un écho ou modifient le son de leur instrument. Les chanteurs, quant à eux, doivent se fier à l'ingénieur du son pour la plupart des effets spéciaux. Grâce à la table de mixage, un bon ingénieur du son amplifiera la voix du chanteur en lui donnant les meilleurs timbre et hauteur possible. L'ingénieur du son décide également de « l'étendue » du son, c'est-à-dire du lieu d'où le son semble provenir.

Dans un système stéréophonique, des sons différents proviennent de chaque haut-parleur. L'ingénieur du son décide de la voie stéréophonique (gauche ou droite) que le micro empruntera. Il peut également équilibrer le son des haut-parleurs en répartissant la sortie du son d'un micro entre les deux haut-parleurs. Enfin, l'ingénieur du son peut filtrer certains sons. Cela est très facile avec une table de mixage numérique reliée à un ordinateur. L'ordinateur permet de supprimer certaines **fréquences**.

Le studio d'enregistrement

Dans la cabine d'un studio d'enregistrement, l'opératrice suit des instructions écrites qui lui permettent d'ajuster la table de mixage en cours d'enregistrement.

Un studio d'enregistrement ou de radiodiffusion est divisé en deux parties. Il y a d'abord la cabine, qui comprend une table de mixage similaire à celle utilisée par l'ingénieur du son d'un concert. La cabine abrite le matériel d'enregistrement qui comprend des magnétophones ordinaires ou des enregistreurs numériques. Ensuite, il y a le studio.

Certains studios sont très grands et peuvent accueillir un orchestre symphonique complet. D'autres sont plus petits et mieux adaptés à l'enregistrement de musique de chambre ou de musiciens solos. En général, la cabine et le studio sont séparés par une vitre épaisse et insonore.

Dans le studio

La plupart des studios sont conçus pour offrir une certaine qualité sonore. Des matériaux absorbants empêchent les échos ou les **résonances** et donnent ce que les ingénieurs appellent un son très « sec ». Les micros des studios sont très sensibles et captent les moindres sons. Chaque musicien dispose de son propre micro relié à la table de mixage de la cabine. L'ingénieur du son détermine l'intensité de chaque micro avant le début de l'enregistrement. Lors de l'interprétation d'une pièce, un cadran renseigne l'ingénieur du son sur le niveau sonore de chaque micro. Si le niveau est trop élevé, l'aiguille du cadran atteint une marque rouge et l'ingénieur du son rajuste l'équipement pour éviter de fausser l'enregistrement. Un mauvais enregistrement est souvent caractérisé par d'horribles sifflements ou chuintements, par une sonorité faible ou sans éclat et par des sons retentissants.

Ce vaste studio peut accueillir un important groupe de musiciens et leurs instruments.

L'enregistrement multipiste

Lors d'un concert ou de certains enregistrements, toutes les parties sont jouées conjointement. Toutefois, le son de chaque micro peut être enregistré sur une partie distincte d'une bande (sur une « piste »), ce qui permet de réaliser l'enregistrement par morceaux. D'abord, on enregistre le « clic » (ou la piste de métronome) qui donne le rythme de base. Ensuite, les autres instruments et les voix sont ajoutés l'un après l'autre. Chaque exécutant écoute le « clic » grâce à un casque à écouteurs pour garder la cadence. Lorsque toutes les parties sont enregistrées, le « clic » est effacé. Il ne reste alors qu'un enregistrement unique donnant l'impression d'avoir été réalisé en une seule opération.

Les chanteurs enregistrent souvent leur voix sur une piste de fond enregistrée au préalable. Ils écoutent le groupe ou l'orchestre par le biais du casque à écouteurs et sont seuls à chanter dans le studio. Ils peuvent recommencer quand ils se sont trompés.

Cette illustration montre à la fois la cabine et le studio. À l'arrière-plan, on voit les membres de l'ensemble en train d'enregistrer. Chacun dispose d'un micro relié à une piste différente de la table de mixage, visible au premier plan. Les chanteurs enregistreront leur morceau par la suite, lorsque la bande sonore de l'ensemble orchestral sera terminée. Certains musiciens portent des casques à écouteurs pour bien entendre ce qu'ils jouent.

La chanson, les films et la télévision

Lorsqu'un chanteur apparaît à la télévision, il peut chanter de multiples façons. Il peut s'agir d'une prestation en direct, d'une prestation théâtrale ou d'un concert en différé, entièrement ou partiellement enregistré au préalable. Ce peut encore être un enregistrement en studio ou un montage d'images et de bandes sonores enregistrées au préalable, où le chanteur chante en play-back (interprétation mimée).

Les productions extérieures

La diffusion d'un concert en direct est qualifiée de production extérieure. L'enregistrement se fait alors hors des studios. Les ingénieurs du son installent des micros qui ne nuisent pas aux artistes et au public pendant le spectacle. L'enregistrement est commandé à partir d'une table de mixage mobile, généralement à l'extérieur de la salle. Des caméras sont également mises en place et le réalisateur coordonne le son et les images à partir d'un véhicule de contrôle. Pour la télévision, le réalisateur disposera de plusieurs écrans lui montrant les images de chaque caméra ; celles-ci seront « montées » d'une caméra à l'autre en fonction de la musique. Le résultat sera enregistré sur une bande vidéo.

Une équipe de réalisation de télévision sélectionnant les images provenant d'une série de caméras.

Au cinéma, les caméras ne transmettent pas les images ; le réalisateur ne peut donc pas voir les prises de vues de chaque caméra durant le tournage. Ici, les cadreurs suivent les instructions du réalisateur. Le son et les images sont enregistrés séparément et seront montés synchroniquement lorsque le film sera projeté. Les meilleures prises de vues sont littéralement découpées du film de chaque caméra et montées par séquence.

Le montage du film est assuré par une équipe de monteurs. Lorsque les meilleures prises de vues ont été rassemblées, une machine spéciale de montage repasse le film en même temps que la musique. Le son et les images sont **synchronisés**, et une troisième bande de voix « sur dialogues » peut être ajoutée à la bande sonore. Parfois, toute la bande sonore doit être enregistrée de nouveau par des musiciens en studio qui tentent de coordonner précisément leur jeu et les images.

Le montage se fait également à partir d'une bande vidéo. Cette équipe de montage rassemble les images vidéo sur écran.

Les réalisations en studio

La musique filmée ou enregistrée dans un studio est souvent d'une qualité supérieure à celle des productions extérieures. Les caméras, la lumière et les micros peuvent être mieux réglés. Les bandes sont montées après coup pour montrer les temps forts du spectacle et retrancher les nombreuses interruptions.

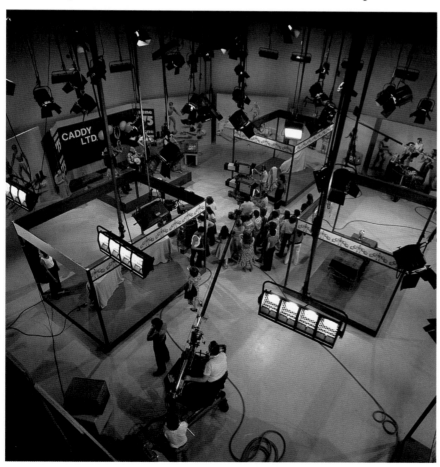

Extrait d'un concert donné par un groupe folk dans les studios d'une chaîne de télévision.

Réaliser un vidéoclip

Le cameraman réalise un gros plan de ce guitariste rock durant la réalisation d'un vidéoclip.

La plupart des **vidéoclips** de musique rock sont des productions coûteuses réalisées exactement de la même manière que les séquences des comédies musicales filmées. La réalisation d'un vidéoclip de trois minutes exige une équipe aussi importante et un appareillage technique aussi complexe que ceux d'un film tel que *The Sound of Music* (voir page 14).

D'abord, la musique est enregistrée (sur cassette ou sur disque). Ensuite, le clip est réalisé : les musiciens jouent en play-back. Le réalisateur d'un vidéoclip et les chanteurs préparent un « scénario ». Toutes les scènes qui seront utilisées et l'ordre de passage des séquences y sont planifiés. Certaines scènes seront prises au studio, d'autres seront tournées en extérieur.

La chanson rock et la télévision

Lorsque des groupes ou des chanteurs interprètent leurs chansons sur un plateau de télévision, ils recourent généralement au même procédé que lors d'un vidéoclip. Peu de groupes acceptent de chanter en direct. Une interprétation en direct peut requérir des semaines de répétitions en studio ; les musiciens préfèrent donc jouer et chanter en play-back. Les spectateurs en studio croient entendre le groupe chanter en direct alors qu'en fait, ils regardent un mime ! Ici, le groupe Status Quo chante dans un studio de télévision.

Filmer une scène de vidéoclip

Certains vidéoclips sont filmés et montés avant d'être recopiés sur cassette vidéo. D'autres sont enregistrés directement sur cassette vidéo. La méthode est identique. Une séquence est sélectionnée à partir du scénario. Ensuite, le décor est placé ou le lieu de tournage est choisi. Les meilleurs emplacements pour les caméras sont déterminés et de gigantesques projecteurs sont installés. Parfois, des rails sont posés pour permettre le déplacement aisé et silencieux de lourdes caméras pendant le tournage. Il arrive que des caméras soient montées sur une grue !

Des haut-parleurs sont installés : ils diffusent la bande sonore enregistrée au préalable. Ensuite, les acteurs viennent prendre place sur la scène ; le tournage peut commencer. Au début de chaque séquence, un tableau sur lequel est numérotée chaque prise de chaque séquence est disposé devant la caméra. Ce clap permet de synchroniser la bande sonore et les images.

Certains vidéoclips complexes nécessitent des dizaines de figurants (acteurs ou danseurs). Le vidéoclip *Thriller* de Michael Jackson comprend de longues séquences dansées qui ont exigé une préparation minutieuse.

Michael Jackson dans le décor de son vidéoclip *Beat it*.

29

Glossaire

amplificateur dispositif permettant d'accroître la puissance sonore.

amplifier augmenter le volume d'un son.

anche libre languette généralement métallique, fixée à une seule extrémité d'un tuyau, et dont les vibrations produisent des sons.

aria mélodie vocale avec accompagnement. Partie chantée par un soliste dans un opéra, une cantate, un oratorio, etc.

balance dispositif de réglage de l'équilibre sonore entre les deux canaux d'un amplificateur ou d'une chaîne stéréophonique.

basse voix masculine la plus grave.

canon composition à deux ou plusieurs voix répétant à intervalle et à distance fixes le même dessin mélodique.

cantate composition musicale écrite à une ou à plusieurs voix avec accompagnement instrumental.

chanson folklorique chanson, souvent très populaire, relative au folklore d'un pays ou d'une région.

chant suite de sons modulés émis par la voix.

chef d'orchestre musicien qui dirige l'exécution d'une œuvre par un orchestre.

compositeur personne qui compose des œuvres musicales.

coulisses partie d'un théâtre située de chaque côté et en arrière de la scène, derrière les décors et hors de la vue du public.

chef d'orchestre

décor ensemble des éléments qui figurent les lieux où se déroule une action au théâtre.

fausset (ou *falsetto*) technique vocale qui n'utilise que le registre de la voix masculine résonnant dans la tête et situé dans l'aigu. Synonyme de « voix de tête ».

fréquence nombre de vibrations produites pendant un laps de temps, par exemple une seconde.

fugue composition musicale qui donne l'impression d'une fuite et d'une poursuite par l'entrée successive des voix et la reprise d'un même thème, et qui comprend l'exposition, le développement et la strette.

gamme série de sons conjoints, ascendants ou descendants, disposés sur la portée musicale.

hauteur — caractéristique liée à la fréquence des vibrations d'un son audible.

improviser — produire, composer sur-le-champ, sans préparation, un morceau de musique, etc.

ingénieur du son — ingénieur électricien spécialisé dans la technique du son.

jongleur — poète-musicien ambulant du Moyen Âge, ménestrel.

librettiste — auteur du livret d'une œuvre lyrique ou chorégraphique.

madrigal — composition polyphonique a cappella, ou à une seule voix avec accompagnement musical, qui cherche à traduire les inflexions d'un poème.

maître de musique — personne qui aide les chanteurs à apprendre le texte, particulièrement d'opéras, et le leur souffle, si nécessaire, en cours de prestation.

membrane — partie conique d'un haut-parleur qui produit le son.

metteur en scène — personne qui règle la réalisation scénique d'une œuvre dramatique ou lyrique en dirigeant les acteurs et en harmonisant les divers éléments de cette réalisation.

motet — composition musicale à une ou plusieurs voix, religieuse ou non, avec ou sans accompagnement, apparue au XIIIᵉ siècle et destinée à embellir la monodie liturgique.

oratorio — composition musicale, à sujet religieux ou parfois profane, avec récitatifs, airs, chœurs et orchestre.

plain-chant — chant liturgique médiéval à une voix, de rythme libre, récité, mélodique ou orné.

play-back — interprétation mimée d'un enregistrement sonore.

polyphonie — chant à plusieurs voix.

psaume — chant liturgique de la religion d'Israël passé dans le culte chrétien et constitué d'une suite variable de versets.

registre — chacun des étages de la voix d'un chanteur, quant à la hauteur des sons.

résonance — son qui se maintient par vibration.

soprano — voix de femme ou de jeune garçon, la plus élevée des voix.

synchroniser — faire se produire en même temps.

table de mixage — dispositif qui permet le mélange de plusieurs bandes de signaux sonores.

timbre — qualité particulière du son, indépendante de sa hauteur ou de son intensité, mais spécifique de l'instrument ou de la voix qui l'émet.

tonalité — ensemble des caractères (hauteur, timbre) d'un ensemble de sons, d'une voix.

troubadour — poète-musicien des XIIᵉ et XIIIᵉ siècles, qui composait ses œuvres dans une des langues d'oc.

unisson — ensemble de voix chantant des sons de même hauteur ou à l'octave.

vidéoclip — film vidéo de courte durée, qui utilise des effets spéciaux et est réalisé pour promouvoir une chanson.

voix de gorge — gamme moyenne de la voix.

voix de poitrine — voix chantante la plus basse.

voix de tête — voix de chant la plus aiguë.

volume — l'intensité d'un son.

Index